AF249535

LES
MARTIALES

DV ROY AV CHASTEAV
D'ALAIZ TOVT LE MATIN ET LE
vespre des second & premier iours & labeurs du
Soleil montant de l'Austre.

C'EST L'EXERCE AVX ARTS
& aux Armes de pied & de cheual, que feist le tres-
chrestien HENRY III, *Roy de France & de Polo-*
gne au chasteau d'Alaiz tout le Mardi quinziesme De-
cembre mil cinq cens soixante dixneuf.

Vers de toutes les harmonies des langues
Grammatiques & vulgaires.

AV TRESCHRESTIEN HENRY
III, Roy de France & de Pologne.

PAR CHARLES TOVSTAIN MAZVRIE.

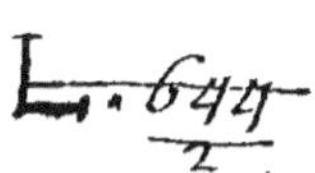

A PARIS,

Chez Martin le Ieune, demourant rue S. Iean de La-
tran à l'enseigne du Serpent.

1581.

AVEC PRIVILEGE DV ROY.

TRESHONORE' Sire, les entrepri-
ses grandes & rares ne peuuét tantost s'accomplir sinon que quelques grands & bons les authori-
sent, & leurs autheurs ils defen-
dent des detracteurs & iniurieux:
arguer par la science n'est point enuie ny detraction:
c'est plustost argument de doctrine plus solide & rai-
sonnelle. Iay des long temps aspiré paroistre aux yeux
de vostre Maiesté, Sire, & mes effors ont esté ou les
Loix, ou la Langue, ou le Ciel, ou les Diuinitez. Les
vns pour donner aux autres leur entrée, tout autre
moyen me defaillant pour m'exprimer. Ces vers que
ie chante ores à vostre porte Royalle de voz dezteri-
tez, exercices & vertus Martiales ne tendent qu'a re-
ceuoir commandement de faire entrer le menestrier
au mystere & luy donner place de seruice aux pieds
de vostre sacrée Maiesté. Si tant il vous vient à plaisir,
Sire, d'en oüir dauātage ie depédray la vielle Home-
rique & diray cas de la Prophetie & de la Diuinité
pour faire l'vnion & concorde de tous les peuples &
nations de la Terre. Ie supplie Dieu le createur que
de la grande vniuerselle vniõ soyez le Pasteur & Mo-

A 2   narque

narque. De la Mazurie petite cafe boscaine ceft A-
uril feptiefme de voftre regne tresfaufte,

Voftre trefdedié Ch. Touf-
tain, Mazurie de Falaife.

ANAGRAMME DV NOM
du Roy en l'Impreffe de fon Ordre.

Marcus Manilius de alumno Virginis Aftreæ.
Ille decus linguæ faciet regnúmque loquendi.

Marc Manile à Cæfar Augufte du fils de
la vierge Aftrée.
Il fera du langage vn honneur par la France
Et mettra leur bien-dire en art & en regence.

LES MARTIALES DV ROY.

Matinée du premier iour & labeur du Soleil montant de l'Auſtre.

CHANT PREMIER.

Vers de toutes les harmonies des langues Grammatiques & vulgaires.

AV ROY.

ENRY, *de qui le nom, les armes*
    & la voix
Vn Monde France font de ſplendeur
    & de loix,
Qui dans mes vers vn iour bruyants
    parmy la ronde
Feront que ſoubz mon Roy ſe face vn France monde:
Quand ſerieuſement des Anges ſuſcité
Le mur ſe plantera de ceſte grand Cité
Promiſe par l'Oracle, & en tant de redittes,
Promiſe ſoubs mon Prince à toutes gens beniſtes.
Mais ore qu'on ſe voit la paix de toutes parts,
Qui tardiue aſſez toſt deſarmé ha le Mars

A 3   Mutin

Mutin crueliſſant par ans trois fois ſenaires
Les peuples ſangmeſlez des erreurs populaires:
Du Roy ie veux chanter les esbats & trauaux:
L'exerce qu'il ſe donne és armes & cheuaux:
A rompre coutelaz, les piques & les lances,
Et voir à diſcourir deuant luy des ſciences.

Pallas, qui au repos iadis d'vne alme paix
Baſtiz ces grands chaſteaux de Pairie & d'Alaiz,
Octroy parolle aux vers que i'ourdis, ou ſe voye
A plaiſir vn plain iour de tournoiz & de ioye.
Par foiz recree autant le buiſſon du geneſt,
Que fait le faou vmbreux de quelque grand foreſt.
Sacré de Pallas ſoit ce iour de diſcipline
Guerriere, non de Mars de fierté plus maligne.
Pour Mars ne ſ'arment pour icy deux ennemis
Icy ne tonne en l'air le feu au ſouphre mis:
Icy Meduſe au crin de Serpens ny les flames
D'Athéne gennent point le ſang meu ny les Ames.
Minerue Academique auecque tous ſes Arts
Des l'aube ſoy preſente à HENRY noſtre Mars
Armée iuſqu'au chef, la hache en main ſeneſtre,
Et tout le rond boſſey des Spheres en ſa dextre.
La vierge tout ce iour ne ſouffrit dans Alaiz
Que femme, qu'elle, entraſt dedans ce grand palais.
Or armée elle eſueille & au reueil trauaille
Le Prince, qui la voit en armes de bataille.
Pallas ſe planté droit ſe deſillant les yeux
De l'armet & luy tient ce propos gracieux:

Treſma-

Dv Roy.

Tresmagnifique Prince, icy du ciel venue
J'arriue par l'obscur de ceste espoisse nue:
Mon pere Iuppiter, ce grand Dieu, qui d'enhault
L'abisme du Ciel fond en esclairs par le chaud,
Qui peut en vn mot seul reuerser toute l'onde
Roulant le Firmament, & en noyer le monde:
Qui peut punir du feu les mortels & de l'air:
Et d'ordre tout diuers les cieux renouueler,
Menuoye t'annoncer que deux, qui freres sommes,
Enfans de luy tous deux la verge & loy des hommes,
Choisie auons la France à planter par le tour
Du ciel les arts par grace à iamais sans retour:
Moy & le frere mien, ie dy Mars ce tonerre,
Qui creut le nom iadis des Gaulles par la terre
Si grand, que l'Ocean ne flottoit point à bord
De pays, ou ne fust de Gaule vn Gaule-port:
A vous ce parti fait: ceci tost doit se faire:
Pren ceste hache en l'vne, en autre main la Sphere.

Le Roy se doubtant bien que du ciel luy venoit
Message, d'vn cueur gay de Pallas il reçoit
Vn globe soy mouuant de cercles & de Signes
De Faces & d'aspects, d'images & de lignes
Si beau, que contemplant cet airain radieux,
Luy chet de l'autre poing le dard plus odieux.
Minerue, tout ainsi, que si noant à l'heure
Par l'air se plonge longue, ayant sa cheueleure
Sur elle parpillée en ailes ou le vent
Ia geste luy faisoit de l'aller souleuant:
Quand d'vne grace prompte & hardie, ô deesse,

Qui-

Quiconque fois, qui dons me fais du ciel, si est ce
Que tu me compteras dauant qu'iſſir d'icy
Que dire, diſt le Roy, me voudra tout cecy.

Minerue luy reſpond, ie n'ay tant d'armes priſes
O Sire, ny ſur moy ce faix d'armures miſes
Pour faire longue icy relation des arts:
Ie vien te prouoquer des armements de Mars.
Vn autre tantoſt vient de qui tant l'ame s'emple
Des dieux, de leur ardeur des Diuins & de l'ample
Entouziaſme & feu Sybillin pour les loix
Des aſtres & du ciel replanter ceſte fois
Au gré de Iehouah le pere ou tout ſe fonde,
Qui deux les ha creés de trois, qui font le monde.
Ceſtuy te ſçaura bien les Spheres faire voir:
Des arts te diſcourir, te faire conceuoir
Quels peuples & comment les Empires ſupreſmes
Leurs fondements ont pris des langues & poemes:
Et comme és derniers temps la France Arctique doit
L'Empire quint auoir, que l'Orient cuidoit.
Te dira l'argument des langues poëtiques
Commencements certains des Regnes magnifiques.
Et comme pour ce temps le François paſſe touts
Vulgaires en meſure & en ſa rime doux.
Mais faut que ſolennel és armes & que faſte
Ce iour à touſiours mais te ſoit, qui tout ſe baſte
A volter & bondir cheuaux en tous retours,
Roant à toutes mains par haut dix mille tours.
Il faut que mainte picque à iouſter tu me rompes
Et qu'vne fille vierge à la picque ne trompes

Il faut

Il fault que nous noz deux chamaillions de coups,
Et faire feux briller des armets & des clous:
Il faut la lance courre & emporter la bague:
Et seul ne passer point vn instant d'heure vague
Sans faire quelque exerce à vn grand Roy requis
Vainqueur ou hoir puissant de pays desia quis.
Or celle suis-ie au vray, que voirras sus l'arene,
Non cil, que tu crois voir: ce haut sourcy d'ebene,
Ce front, ces crespeluz cheueux, ce folleton
Qui mieux que poil ressamble vn argenté coton,
Ces yeux, ce beau vermeil de leures & de ioües,
Ce ieune cheualier à qui tant tu te ioües,
Non Arques n'est-ce pas, ce suis-ie & cell' seray,
Non Arques, qui à toy ce iourd'huy iousteray,
Tu penses & croiras que vrayement c'est il Arques:
Mais soubs ses beautez iay ses armes & ses marques.
Donc, Sire, lieue toy, ie vay en son repos
Transmettre tout ce iour Ioyeuse dans ce clos.

Bellone disparut: le Roy sis dans sa couche
S'accoude tout pensif s'y ouurir doit la bouche,
Ou si les yeux plustost: ne sçachant qui reluist
Ou Morfée ou d'vn Dieu le feu luisant de nuit.
D'O qui s'aperceut bien que son Roy passe l'heure,
Contemple d'orueillants ses yeux, & en demeure
De parler, ou de geste à soy plus promptement
Assigner vn de ceux de son commandement.
Le Roy tire vn souspir de son cueur & trauaille
A soy ramenteuoir que son bel vmbre n'aille
Soy perdre, comme va se perdant vn flotton

B   De

De nuës au soufler corusque d'un Tyfon.

D'O, dist il, il nous faut de vrais ou feints alarmes
Tout faire solennel ce iourd'huy feste d'armes
De Mars, ce premier iour le Soleil par les monts
Du cicle vient reuoir les eniouglez Trions:
Il roule vers la France, il ha tourné la rene
De ses cheuaux vers nous: Phlegon ia bat l'arene
Moresque du talon & en courage meu
Nous souffle Pyrois la lumiere & le feu.
A trente pas les suit logé souz la Sagette
D'Erote, signe au ciel, le dieu de ceste feste
Mars, qui se plaist le chef de Hercul animer
Et l'apogée au ciel de fiel euuenimer.
Or soit de cinq repos ce mois de douze Lunes,
Solaire, tant les iours que fauste souz les brunes:
Soit fauste, dist le Roy à mon peuple & à nous,
Et fauste tout ce mois le Dieu Mars soit a tous.

HENRY le deux fois Roy (de qui le nom resonne
Bras-fort) habilement se vest & s'esperonne:
Et deuot ains que l'œil ne l'ame en autre lieu,
Il dresse droit le pas là ou l'on dit de Dieu.
I'entroy, ie vóy venir ce Prince, qui ne tarde
A orer & l'autel de passion regarde,
Où l'acte Sacrement de nous en l'union
De CHRIST se sanctifie habits de passion.
A l'heure commença le Roy mains toutes nues,
L'œil & le cueur plus haut que l'arc courbant les nues:
A dire, DIEV treshaut d'ineffable vnité,

Qui emples l'infini de toute eternité:
De nous pere & seigneur, le nom dont tu te nommes
Intacte & oré soit des Anges & des hommes:
Sois veu le regnateur de tous seul obëy
Et comme par le ciel icy bas parlez y
Ton verbe si tref-fort, qui aille des la cyme
Des eaux penetrant iusque a leau du bas abisme:
Et qui ses effects darde icy bas, comme sont
Escripts dedans les cieux la part ou ils seuont.
Nous donnes auiourd'hui le viure d'ordinaire:
Et nous remets le deub, ô Seigneur debonaire,
Si comme en aultrui faut que nous remettions
De sottie & d'oubli les imperfections,
Non aux malins esprits ne donne point licence.
De tenter ou maistrir par assaux l'innocence
Ains souz ta main gardez des inconueniens
Du Diable romps pour nous ses efforts & liens.

Le Roy prie au surplus la paix de France toute,
Et paix à l'ennemy que moins il en redoute.
Concorde auec son frere & aultres, qui les rangs
Premiers des Gaules ont ses subiets ou parents:
Il prie finamment de regner par la trace
De Iustice, & que Dieu le meintienne en sa grace.

Ce fait le Roy sortit de l'estage ou il est,
Et vient par haut descendre à l'huis dans la forest.
Ou pages, enfans tous de maison & de marques
Attendent: & voicy le Roy vient, DO & Arques.
Mais Arques n'est ce pas la Pallas là se uoit

B 2   Qui

Qui les voyants du ray de ſes verds yeux deçoit,
Ses ioües & ſon teint coloreȝ tout de Roſes,
Son plan, ſtature haulte adroitte à toutes choſes
Volant ſur vn courſier d'un aſſourc ſi treſſoef
Eſt veu ne monter pas volant veu de rechef.
Souz elle ſon deſtrier par vn ſemblant farouche
Se ride la narine, à dents bat en ſa bouche
Son frein folant ainſi de la teſte eſiouy,
Comme ſi vn broncher de tans il euſt ouy.
Ce braue courſerot trepigne ſouz la feſſe
Fier-gay d'auoir l'accol de ceſte grand Deeſſe.

Lors parle à elle ainſi le Roy, qui luy la croit.
Qui, Arques, qui dea donc te voir monté cuidoit
Sur mon cheual? dy mōy de qui d'où & de qu'elle,
Maniere teſt baillé ce mien cheual de ſelle.

Ainſi ſe plaiſantoit le Roy qui monte lors,
Iſnellement luy meſme adroit de tout le corps
Sur vn cheual brun bay furibond & adextre
Mais toutesfois dompté de main d'age & de maiſtre.
Neuf dix ſes ans eſtoyent. Pic en fut l'eſcuyer:
Danuille fut la main de ſon eſſay premier
Vn iour de grand bataille & encor tant le vante,
Que d'vn cheual plus ſeur ne voudroit pour la vente.
Ce cheual en ſon plan ſe tient coy, mais de cueur
Geſtye tant auoit d'alegreſſe & vigueur,
Qu'il ſemble par nature auoir en l'air des aîles
Pour ſuruoler d'Icar les cheutes caſuelles.
Le Roy luy hauſſe vn peu les renes d'vne main,

De

De l'autre à coups sifflans de houssine en demain
Le bondit en la lisse, & aux pas moins de quatre
Commence fier & dru des pieds la terre batre,
Semblant que du talon qu'il alloit sousleuant
Feist d'en ruer menace, & ores du deuant
Des deux genouls courbez les pieds leuez de terre
Vousist par haut en l'air se fendre nouuel erre.
Il trotte raccourri de demarche & de pas:
Et semble bien qu'il bouge & il ne bouge pas:
Il plane: puis reprent l'habille promptitude
De volter & bondit par art & vicitude.
Apres le double pas galoppé vient le tiers
Plushaut & vn ruet de talons & de fers,
Et tant de souple-saults trepigne, sans que glisse
Ou s'enttecouppe en riens le coursier dans la lisse,
Que trois, que quatre coups le Roy tant s'y reprent
Que tant auoir lassé ce coursier s'en repent.

Bellone hors la lysse à trauers l'herbe palle
Fait voltes à l'enuy de la façon royalle.
A l'alte son cheual si haut fait courbeter,
Que d'ahan & sueur le faisoit halleter
Par tant de fois & fort que force fut remettre
Pied bas & vn tout frais cheual soubs elle mettre.
D'vn autre qu'ils nommoyent le coursier Saltados
Là prest Minerue monte alegre sur le dos.
D'espaigne vint iadis ce sauteur, qui adonques
Plus vif de l'esperon chatouillé ne fut onques
Sur croupe, sur deuant, par haut & par dessouz
Luy va ruant Pallas biaisez tant de coups

B 3   De

De houßine & si bien a main les renes duites,
Et l'esperon à point que d'art les voltes vittes
Du brusque Saltados ne sembloyent moins voler,
Que dru par haut plus haut que l'homme sauteler.
Nous veismes à plaisir de ceste fiere rosse
Par art s'agiliter le naturel feroce.
Mais qui le Roy eust peu seconder pour le lieu
De telle maiesté sinon vn autre Dieu!

Le Roy auoit grand ioye à voir ainsi Ioyeuse
Bien faire & en disoit de bons mots en ioyeuse
Et douce grauité, ores parlant à tous,
A DO, à Guyencourt, à Elbene & à nous.
I'ouy que nous voyant de deux couleurs la teste
Ou soit des ans, ou bien de l'estude ou de feste
Mal gardée, ainsi parle à Elbene & se rit.
Elbene, dit le Roy, l'hiuer des ans tarit
Le verd de l'age en fin, le meur d'Automne & ores
Tous blancs les hommes meine auec les peuples mores
De Dis: là ou la nuit des Enfers, ce dit on,
Teint tout de couleur d'encre és eaux de Phlegeton.
Mais viellir est Nature en attendant que l'homme
Nature passe & morde à la seconde pomme.
Parlant neantmoins bouge: A l'heure vn Escuyer
Ameine par la rene vn autre, qui crier
Gestie, comme on dit qu'a couuert sur le Nile
Feint vn gemissement le rusé Crocodille.
Arriere contre il tire à qui le contretient
Souflant, niflant & poise à la main qui le tient.
Dru par la terre va trepignant si agile

Que

Que sans trot & sans pas de tout pied l'herbe pille.
Pendoyent à son poitral viron los, ou dessouz
L'espaule ioint la iambe acerez longs de clous
Deux paulmes d'escussons, de peur que ceste beste
Ne porte iusqu'au flan le mordant & la teste:
Mordant se nomme aussi.lequel autour de soy
Fait voye,soit qu'il bouge ore, ou se tienne coy.

Le Roy vouloit monter.Minerue plus que prime
L'en dissuade fort: Pic aussi l'en reprime.
Pendant Minerue monte,& en rond voltigeant
Par haut le va si dru des talons corrigeant,
Quil semble proprement que l'esprit du supresme
Et du cheual donté ne soit qu'vn & le mesme.
Vient vn cheual plus bas à miroirs pommelé
Beau pour le plaisir pris de noir moins piolé,
Beau du col & du cap,de rencontre & de crouppe,
Mais beau à l'appetit de tous ceux de la trouppe.
Pic duist le Roy en selle:à qui met en la main
La houssine & luy laisse à l'autre main le frein.
S'auance prez le mur d'alegresse esiouye,
Ou tout recent la lisse auoit esté fouye.
Il rue par l'arçon à gauche quelques coups
De houssine & le ioinct des talons par desouz
Si dextrement & bien,que qui voudroit le dire,
Faudroit les premiers vers de son brun bai redire.
Tant longuement le Roy par hault & par le bas
Manie son grison, que l'heure du repas
Approche,mais en broüe,en escume & sueuse
Poudriere tout reduit ce coursier veit ioyeuse

La

La troupe contemplants le Roy alegrement
Se porter & ioyeux brocarder grauement
Aux altes, aux treffaults & en mainte autre forte
Art d'efprit auiuer dedans vne ame morte.

Affez que picqué fut, Pic arreftant le roy,
C'eft, Sire, c'eft affez, dit il faut en requoy
Se pofer: onques mieux ne feift on à venüe
De Prince a qui dans France on ait fait bien venüe.
Dea, Arques dit le Roy, ie veux encor te voir
Sur mon cheual monter & y faire vn deuoir.
Moy, Sire, dit Bellone, il eft bien temps qu'on aille
Rafrefchir au couuert le grifon dans la paille.
Las! tant le flanc luy bat, qu'il eft de tous les os
Demeuré & luy faut de feiour long repos.
C'eft dit Pic, oultrément piqué pour vne liffe.
Si eft ce, dit le Roy d'icy deuant que i'iffe,
Tu monteras, ô Anne, & y feras le tour,
Qui clora du matin le tournoi fans retour.
Ah! certes, refpond il, ie ferois faute, Sire,
Si voftre courtaut bon de bien venoit à pire.
Moy point ne monteray. Le Roy met bas le pied.
Luy viennent applaudir fes feruants d'amitié,
Et autres de feruice. vn entre eux vint à l'heure
D'vn verd veloux manteau de riche garniture
Le conurir humblement. Le Roy fon Arques voit
Encores, & lequel de monter inuitoit.

A peine auoit le Roy le viere vers la porte
Et viz, qu'vn hault voûlté de deux arcades porte,

Sur l'aire des foſſez menant droit au Palais,
Aux chambres & lambris des grandes tours d'Alaiz,
Que promptement Bellone en affourc vient ſe mettre
Deſſuz le pommelé: Ne pourois par la lettre
Deſcrire ny chanter les bruſques ſouppleſauts,
Les voltes & les bonds qu'apres tant de trauaux
Souz elle foiſonnoit cheual beaucoup adextre
Que ſouz ſon eſcuyer deſouz ſi braue maiſtre:
Sembloit que fraiz iſſu de leſtable il ioaſt,
Et preſque d'oiſeaux druz le voler eſſayaſt.
Ainſi ſe diſparut le Roy en ſon reſerue,
Pendant qu'a ell' tentifs tenoit noz yeux Minerue.

C   LE

LE VESPRE DV SECOND
IOVR ET LABEVR DV So-
leil montant de l'Auſtre.

CHANT SECOND.
Vers de toutes les harmonies des Langues
Grammatiques & vulgaires.

AVROY.

TOVT penſif & douteux que point
noz vers noueaux,
Point à la Maiezté ne pleuſent noz tra
uaux
I'alloy me deplaiſant, croyant que fuſ-
ſent miſes
Mes peines ſouz l'oubly apres tant de remiſes.
Vn gentil'homme ſage & accord par ſes ans
Moins trente bien nommé des vaillants & ſçauans
Meint cas d'honeur comptoit des vertuz & voyages
Du Roy, de quel humeur il aimoit hommes ſages
Et doctes, & comment iamais n'a oublié
Nul homme, qui par grace à luy ſe ſoit lié.
Puis comme liberal de dons il outrepaſſe

Les

Les feruices de ceux, qui ont gaigné fa grace.
Ces cas me racomptoit BELIN: qu'vn Page vient,
Qui quelques mots tout bas à fon oreille tient:
C'eft, dift BELIN, le Roy, lequel vous voir demande,
Et vous mener deuant fa Maiezté me mande.
Dix mille penfements de ioye & de rigeur
Premier que d'arriuer me couroyent fur le cueur!
Mais toutesfois ie vay refouz de confcience:
Et que mes efcripts tous fe monftroyent par Science.

Ie voy la Maiezté à fon priué repos:
Lifoit, & efcriuoit, & encor quelques mots
Parloit & efcoutoit les intellects Ethiques
Du Stagirite Grec & autres politiques,
Que Guercen & ioy par argumentz citez
Fulciz fe raifonnoint de grands authoritez.
Difoint que tout l'eftat des Republiques belles,
L'eftat des grands citez, des familes fidelles
Eftoyent en vn chainon de Raifon & de prix,
Et rien ne differoyent que du faix entrepris.
Difoyent que l'eftranger ne debuoit oncques eftre
Dauant qu'auoir ferui de plaine entree, maiftre:
Et qu'il le failloit voir de degré en degré
Monter, que pour plus hault le Public l'euft à gré.
Encores ils monftroyent que des la petiteffe
Des humbles iuzque aux Roys ce qui plus l'homme bleffe,
Eft cefte gloute armée inexorable faim
D'vfure, qui du ventre en engloutit le pain
Au poure langourex, à l'enfant, à la mere,
Et ghenne toutes gents de marriffon amere.

C 2   Fut

Fut dit qu'vn Ezpagnol amateur de la Loy
Les dextres fift trencher des vfuriers d'aloy.
Et qu'vn Philippe auffi de Valois print en haine
L'vfure tant qu'il feit que pour lors France pleine
D'eftrangez vfuriers vuida de mefcreans:
Et du veneneux air des vfuriers truants.
Fait iuger ils auoyent que l'emprunt des monoyes
Fuft fond & vn immeuble afin que par ces voyes
L'vfure fuft en fruits, ficomme on voit que font
Les pommes & les grains & autres fruits de fond.
Philippe bien reprift ce iugement à l'heure
Fait fage, qu'il n'eft rien, finon deu pour demeure
De l'homme non du preft, ie tiendray, dift le Roy
Mon fond, le refte aurez des peines par la loy.
Encores, qui pis eft, la vieille pipperefse
Des gages Commiffoire orendroit foy redrefse!

    Si toft ne fut finie a ces deux leur leçon
I'approche, & humblement ie difcours la façon
De celle, qui nous chet des cieux Cité de Prince,
Qui mettra mers & monts des terres en prouince.
Apres les longs difcours des Princes Angeuins,
Des Gaulles & de Saxe à fon Capet ie vins:
Origine & vray tronc des Princes legitimes
En France, defquels font mes vers plains & mes rimes.
Plus-hault ie luy parlé la reuelation
Des Peres, qui ont veu le miftere en Sion
Des temps: qui ont efcript que Roys & populaires
Vn iour honoreront par Art des Luminaires
DIEV aux Repos prefix des oeuures de fes mains,

RELI-

RELIGION VNIE A IAMAIS DES HVMAINS.
Or comme grand on dit le Roy l'on dira l'une,
Et l'autre planetz grands le Soleil & la Lune.

Le Roy de moy s'approche alors & me semond
Par termes plus posez de luy ouurir le fond
Ce ceste grand doctrine. Apres il me demande,
Si dans mes vers estoit la trouppe desia grande
Des Roys ses ancesseurs: que l'œuure bien valoit
S'accomplir, & qu'escrit le voir net il vouloit.

Ce faict sa Magezté demande auoir des armes:
On luy en apporta de dorez & d'alarmes
Bossez là ou HENRY le pere genereux,
Tranchoit de l'EZpagnol le bras iniurieux
Sur Meuse, sur l'Ezcaut: sapoit pour l'ancienne
Ingratitude ius les murs de Theroenne:
Sapoit Mariembourg & en l'air meint balon
De fumee on voyoit resoufle du canon.
En bosse d'autrepart voyoit on martelée
Sa trouppe, qui du Rhin reboyuoit l'eau salée.
De ceste belle armure à boucles on le vest:
On vest le Roy encor d'un armet là ou est
Calaiz graué, doré mi closes quelques portes
Aux braues poztillons piquants de roides sortes,
HENRY pere, & Francois de Lorraine l'honeur,
Et mon Euesque tant regretté le VENEVR.

Minerue s'arme aussi ses armes sont de taille
Antique bossez d'or: Geants sont en bataille
Sur Osse, sus Olympe & vne legion

En aide leur venoit colons de Pelion.
Là Iuppin admiroit des corps l'outrecuidance
Voulans des ezprits prompts suyuir l'exuberance.
Sur l'autre piece estoit graué pris au lien
Du bers, le cher larcin de Iuppin Cretean:
Saturne deuoroit de faim gloutte & cruelle
Vn Rocher enuloppe que luy tendoit Cybelle.

Prez, où la Maiezté repose vers le bois
Est l'antichambre où gist le garde corps des Roys:
Leans les deux armez si entrce en parage
D'armures prezque, & pairs de tout autre equipage.
Le Roy me rapportoit de terreur & de port
Hector, qui au deffi menace Aiax le fort:
Quand entre leurs deux camps volurent au duelle
L'Asie departir de l'Europe cruelle.
Deux piques tiennent deux dedans le beau milieu
Pour batres, qui faisoint le depart de ce lieu,
Au Roy la picque est mise à main pour rompre contre
Minerue, qui non moins que faict le Prince, monstre
Son gezte, & hardiment leuant son boys à mont
Le brandit & du bras ores luy donne bond.
Le Roy se marche au pas, & en l'air il tremousse
La pique du bras droict de roideur & secousse.
Non autrement qu'on voit de bas en hault secouz
Vn ieune Pin frappé de caillouz & de coups,
Qui tombent d'vn grand mont par vn nouueau reage
Des terres atrachez de grosse eau de l'orage.
Mais c'est à l'approcher qu'il est veu vertueux:
Il croise roidissant le bois impetueux

Qu'il

Qu'il porte sur le bois de Pallas sans pareille,
Et tellement l'attaint, que d'esclats & de teille
Du bois se ioncha tout le plancher: & dit on,
Que Seine loing aux champs retentit souz le ton.

Tantost vn autre Pin le Roy met en sa dextre:
Vn autre tout de mesme à Pallas vint à estre
Baston dé c'este ezcrime, & en coutage meu
Desia, ce nous sembloit, se destournoit le ieu.
Apres le pas trosiesme au hausse col la darde
Le Roy: Le darde aussi Mineruë, qui regarde
A poser vn petit la roideur de ses coups.
Plus bas, que par les chef sacré du Prince doux:
Mais prez le dextre bord, du haubert elle donne:
Sembloit de deux escroix que l'air en foudre tonne.

Encores vn coup prend le Prince vn droit Sapin
A morne tout d'acier: Mineruë prend le Pin
De mesme, & en fureur se vont de telle sorte
Cestuy aheurter l'autre à l'armet qu'elle porte,
Qu'en trois le bois se rompt: la morne fait le feu
Fusiller en l'armet, de là fut autre veu
Vn bougon allumé, lequel sa flame iette
Au trait que l'on attache à vne Ezcarpolette:
Ou pages s'ebatoyent se faisans diuaguer,
Et virer & parfois trebuscher & maguer,
D'vne espée on couppa des l'entrée la corde,
D'ou plus ne pend qu'vn bout là ou la flamme morde.
Or tant de fois se vont ahurtans au Sapin,
Que l'heure tierce pose à leurs yeux vne fin.

Il falut autre esbat recommencer dés l'heure:
Au Prince on apporta un arme sans dorure
C'estoit le coutelaz de l'escrime ou ces deux
Vont s'entrechamailler de grands coups & hydeux.
Ce combat est nommé la Barriere: on y entre
Armé de teste & bras de cuisses & de ventre.
Prez ils se plantent droit des barres, & des mains
Commencent à ruer horions inhumains.

Ie n'eusse iamais creu ces vieux Romans de France:
D'espée si grands coups, ne si grands coups de lance
Premier que i'eusse veu ce Prince genereux
Du bras representer les Pairs des siecles vieux.
D'un coup ie pensay voir la teste escartelée:
Et du recoup soudain la flame vey volée
Estincelante ainsi des uns & autres coups
Sur Pallas & le Roy des armets & des clous,
Que d'un fer allumé les estincelles brillent
Batu de gros marteaux, lesquels feu en fusillent,
Si asprement se vont debaulmants tous les deux,
Qu'il fallut entr'ouurir les piques entredeux:
Et faire en arrierant que Pallas soy retire
Du Roy, lequel ne fait que du duelle rire.

Tantost que du conflict repos ils eurent pris,
Qu'ils eurent l'air batant de leur ezprits repris,
Et eurent plaisante de propos & de grace,
Le Roy se leue & prez reprent des barres place.
Minerue viz à viz debout se plante droit:
Si comme deux errants se deussent par le droit
Combatre d'une veufue ou autre qui pucelle

Contre

Contre vn brigant Geant ſe tient cloſe & ſe cele.
On met des couſteaux neufs a leurs guerrieres mains,
Dont ſur l'or & l'acier des coups ils iettent meints:
On y voyoit tomber deçà delà la barre
De horions poiſants vn ardu tintamarre.
Sembloit que ſur la fin la force leur recreuſt:
Et qu'au viz & conzpect de Hercul comparuſt
Anté geant oſſu, lequel touchant la terre
Venoit vigoureux plus que deuant à la guerre.
On dit que s'affoiblit d'vn Ezprit grand le corps.
Dans eſt le trauail d'vn, de l'autre il eſt dehors:
Et rare paragon, nul ainçois d'elegance
Eſt d'Ezprit aux vertuz de noſtre corpulence.
Et toutesfois le bras valeureux de ce Roy,
Ne mollit, ains il fait des armes à requoy
Si comme parmy gens des armes en bataille
Luy d'Ezprit aux ciuils negoces il trauaille.
Grand d'Ezprit eſt le Roy, de grand entendement!
D'experience grande & ardu iugement;
De grand memoire encore & eſt pour l'outrepaſſe
Roy bontif accompli de Iuſtice & de grace.
Or tant il effila le trenchant furieux
Son glaiue ſur l'armet de Pallas verde és yeux,
Qu'vn coup de grand ennuy de tel bras il dehaume
Qu'en deux le fer s'eclate: vn eſclat du heaume
Bondit par au trauers des briques du palais
Auecque tel reſſon, que font dix mille clefs.
Ou qu'vn glaçon eſpoix, ruë ſur glace viue
Siffle & ſe fent gliſſant de l'vne à l'autre riue.

D

Icy

Icy ce ieu prend fin.Ce ne'ſt encore tout.
D'vne autre iouſte encor le Roy ſi vient à bout.
Il ſortit hors du toiĉt auec ſes armes belles
Et entre dans le Parc.Minerue auec celles
Armures tout ainſi dequoy nagueres tant
Se veit auec le Prince à couuert combatant.
Voicy venir cheuaux,poliz de grand' pareure
Trouſſez,bridez,bardez de riche garniture,
Que pages amenoyent ſe plantants vingt de rang
Dedans la liſſe large & haute flanc à flanc.
De dire pour vn iour que tant & ſi loable
Exerce feiſt le Roy il'eſt prezque incroiable.

L'aneau à l'eſtamperche on append:là le Roy:
Là Arques:& (de qui le nom perdu ie croy)
Vn tiers de grand vaillance.à leurs mains on relaiſſe
La Lance pour courir de roideur & viteſſe.
HENRY la lance au poing de ceſt arme entreprend
Si iuzte courre au blanc,que l'ercal qui le pend
Du prime coup il touche.Apres luy va Minerue
Reprendre dans le bois Ioyeuſe en ſon reſerue.
Pendant ce Cauallier que nommer ie ne peux,
Du cheual & de ſoy les liſſes toutes deux
Emplit,ſe faiſant lent regarder vers la place,
Ou des le bas prend pied la carriere & la trace.
Il tourne ſon courſier,le bat des eſperons
Si viuement,qu'il ſemble auoir des ailerons:
De l'anel approchant le bois luy poiſe a dextre,
Qui feiſt que coſtoyant le bois vint bas à eſtre.

Le

Le Roy retourne encor, qui eſt veu par les pas
Heros redeſcendu des cieux en terre bas:
Qui quand ſe fut ſi peu relaiſſe vint a batre
Si roide tous les flancs de ſon opiniatre
Deſtrier que contremont le bondit quatre ſaults
Que prez les vei au pair voler des arbres haux.
Mais dextrement fondit cet embront lors que proche,
Du blanc ores fait moindre à trauers il le broche.
Bon Dieu! que fut merueille à nous de tant le voir
D'vn ſimple cauallier remembrer le deuoir!

    Ioyeuſe dorueilloit des l'aube ſouz les treilles
D'vn houx: ſa paille fut de feugere & de feuilles.
Sa teſte contre vn flanc de Biche miſe auoit
Minerue & vn fauneau à ſon gyron ſeioit:
Et ſur le doz d'vn cerf abatu ſur la paille
Les iambes eſtendoit Ioyeuſe, qui trauaille
En ſonge, lors que luy la Pallas entreprend
Souſleuer & l'armer des armes qu'elle prend
Sur elle dez l'armet, le haubert & les manches,
Et iuſque à leſperon les boucles & les hanches.
Armé le met Minerue a cheual. lors les yeux
Luy ouure, puis ſ'en va volante vers les cieux.
Arqnes ne ſçait ſi c'eſt de reueil ou de ſonge
Qu'il voit, qu'il oit, qu'il parle à ſoimeſme: & ſe ronge
De mille penſements, des contrarietez
Des iours, des nuits, du faux d'auec les veritez.
Ne ſçait de luy que croire, & en pleure. & ſes larmes
Si larmes: & ne ſçait que croire ſi ſes armes
Sont armes, & ſ'il eſt de pied ou de cheual:

D 1   S'il

S'il bouge, si il ne bouge: & à mont & a val
Regarde la forest: se touche par les manches
Aux arbres & se pend des mains a quelques branches.
Pour croire s'il croyoit le vray plusque le faux,
Tant croit és veritez les songes estre gaux.
Luy par les buissons broche & erre tant, qu'il isse
Du bois, que somme toute il arriue en la lisse.
Vn gentilhomme lors la carriere occupoit,
Et roide vers l'aneau a bois baissé piquoit:
Lors Arques, qui en pleurs de passion se plonge,
Croit en luy mesme voir le vray pluzque le songe:
Il voit le Roy & l'oit, le bruit de leurs cheuaux,
Les pages & l'aneau le but de leurs trauaux.
Pic mesme luy bailla la Lance pour reprendre
Son tour, & vn deuoir de ceste iouste rendre:
Il court & emporta la bague dextrement:
On eust dit au partir que toute en tremblement
La terre chanceloit: que ceste course prime
Eust vn Pin attaché de son tronc a la cyme.
Le Roy de ceste course en applaudit a touts,
A Arques, & disoit que contre quelques coups
Encores il vouloit. de fait la Lance mise
En main ce Polonois ne faict point de remise.
Du pied de la carriere il attache aux talons
Ailes a son destrier bruyant comme balons
De fonte parmy l'air: ie n'ay point veu d'orage,
Ny foudre qui croullast par haut de telle rage.
De ceste course attaint le Roy dedens le blanc.
Puis pose son cheual, de qui tant bat le flanc:
L'aneau deuant moy tombe, a vn Page le baille:

Et

Et point ne m'aperçoy que la trouppe s'en aille.

En fin le Roy soupoit: l'y arriue, ou ie l'oy
Comptant des ieunes ans des pages & de soy:
Des vns le los il dit: des autres dit la gloire:
Bons & malins encor les ha tous en memoire.
Entre autres il nomma de viuants pour ce temps
D'O, Beuuron, & Bordeaux, se donnant passe temps
A dire leurs humeurs: des vns qui furent graues.
Les morts il extolloit des Gentils hommes braues:
Des autres casaniers, cheueches ou nyaiz
Parloit scientement d'vn autre bon biais.
D'O lors ne gossoit moins à propos pour reprendre
Bons dits, & autres tours de leur ieunesse tendre.
Mais certes i'entendy le Roy qui s'ennuyoit,
Que plus le docte & gent de Bourdeaux ne voyoit.

Apres ces mots il tombe en autres & se soigne
Du difficile & long retourner de Pologne.
Mais lors ne parla pas les scrupuleux moyens
D'issue: des Germains: ne des Venitiens,
Du Pape, ny cousins de Florence ou Sauoye:
Mais parle seulement de ceux, qui dans sa voye
Luy vindrent à plaisir ses hostes ou amis.
Et mille plaisans tours qu'en oubly n'aura mis.

Tres haut, tres redoubté de Maiesté sacrée,
Roy estes, auquel seul ma plume est consacrée.
Que pleust il aux bons Dieux! que i'eusse de DORON
La Sapience & l'Art de parler au gyron

D 3

De

De France comme sçait DORON le voſtre, Sire,
Conſeiller ains amy que ſeruant i'oſe dire.
Ou bien à tout le moins que l'ezprit & les doigts
Tant i'euſſe bien dreſſez à l'appetit des Roys,
Que voſtre BERTAVLT, Sire, à qui grand artifice
Des Graces eſt-party. De vous au moins ie puiſſe,
O Sire, tels moyens de Seruant obtenir,
Qu'à voſtre Maiezté mers vers à l'aduenir
Il plaiſe compenſer de mains moins liberales,
Que des benins bons yeux de voz Graces Royales.

FIN.

ANAGRAMME.

C'est L'or Havstain.

Esayas propheta scripsit,

Erunt exusti populi sicut calx, & sicut spina recisæ exurentur.